LIBERTÉ DE LA PRESSE
CONFISQUÉE A LA MARTINIQUE
AU PROFIT DES PROPRIÉTAIRES D'ESCLAVES,

OU

REQUÊTE

A M. LE MINISTRE DE LA MARINE ET DES COLONIES
SUR CETTE CONFISCATION.

SUIVIE

DE LA LETTRE A M. DUVAL-DAILLY,

EX-GOUVERNEUR DE LA MARTINIQUE.

PAR C.-A. BISSETTE.

PARIS
EBRARD, LIBRAIRE,
PASSAGE DES PANORAMAS, 61.

1844

LIBERTÉ DE LA PRESSE

CONFISQUÉE A LA MARTINIQUE.

La liberté de la presse vient d'être confisquée à la Martinique, dans l'intérêt et au profit des possesseurs d'esclaves et de ceux qui vivent en France à leurs dépens.

Désormais les seuls écrits publiés sous la raison sociale Jollivet et Ce pourront librement circuler à la Martinique, sans crainte d'être arrêtés à la douane, par M. Desboubes de Maupertuis et confisqués par MM. de Gosset et de Vivé, deux puissants et hauts personnages du pays.

Il sera interdit au gouverneur d'empêcher la circulation des écrits de la susdite maison de commerce qui veut se réserver à elle seule le monopole de la publication des brochures, mémoires, pamphlets, discours de tribune (prononcés ou non aux Chambres, mais imprimés tout de même pour *faire l'article*) et autres écrits quelconques *intéressant* les colons et publiés, dit-on, en *faveur* des colonies, pour le plus grand profit de ceux qui les font imprimer.

Le gouverneur ne pourra empêcher la circulation, dans la colonie, que des écrits qui *attaquent le régime légal*, L'ESCLAVAGE, qui font opposition à ce *régime établi*.

Mais tous autres écrits, émanant, soit de la raison sociale Jollivet et Ce, soit de tous autres agents ou adhérents de l'esclavage, qui préconiseront ce régime, qui s'attaqueront aux personnes, qui calomnieront, diffameront la population noire et mulâtre, pourront librement circuler et jouiront de toutes les franchises, de tous les priviléges qui éclosent si facilement aux colonies de l'arbitraire des gouverneurs.

Cependant il sera laissé au gouverneur la faculté *d'éprouver un grand regret* de la circulation de tels écrits, contre laquelle il ne pourra rien, parce que la douane d'une part, et MM. de Gosset et de Vivé d'autre part, ne laisseront pas tomber entre ses mains ce qu'ils ont grand intérêt à répandre dans la circulation. (Voyez à cet égard, pour votre édification, la lettre de M. le contre-amiral Duval-Dailly, page 20, pièce N° 5.)

Tout ceci paraît plaisant, et cependant il y a, dans cette affaire de confiscation de la liberté de la presse, un côté sérieux et fort grave. C'est ce que je vais démontrer dans la requête à M. le Ministre de la marine et des colonies, et dans la lettre à M. le contre-amiral Duval-Dailly lesquelles formeront la partie principale de cette brochure.

En effet, que ne peut-on pas entreprendre contre les autres libertés, contre celle de la presse en particulier, dans un pays où la liberté de l'homme est confisquée au profit d'autres hommes; dans un pays où l'on fait d'un être pensant une *chose* taillable, corvéable à merci; dans un pays chrétien où l'on commence par faire *chrétien* un enfant pour le rendre esclave. Personne n'osera contester, je l'espère, qu'en donnant le baptême aux noirs pour les faire esclaves, on n'ajoute pas au crime de leur asservissement.

Cependant, c'est ce que M. Duval-Dailly, gouverneur de la Martinique, appelle le *régime légal*, le *régime établi*, et qu'il faut, dit-il, se garder d'attaquer, *dans l'intérêt des amis de l'ordre.* Dites donc plutôt le régime immoral, puisqu'il offense Dieu dans sa créature, dans l'homme noir, fait aussi à son image. Félicitez, encouragez au contraire ceux qui travaillent à détruire cette monstruosité sociale, plutôt que d'entraver leur œuvre; car vous périrez à la tâche, avec la honte de voir triompher les efforts d'hommes généreux qui ne renonceront pas à la partie, parce que leur cause est belle, qu'elle est humaine, c'est-à-dire civilisatrice et chrétienne!

Les tentatives des AUTORITÉS de la Martinique, pour enrayer le char de la Liberté, pour entraver le progrès des lumières, ne datent pas seulement d'aujourd'hui. Il y a déjà quarante ans que ces AUTORITÉS imaginèrent qu'il fallait, pour maintenir le régime de l'esclavage dans la colonie et transmettre ce précieux héritage à leurs successeurs, empêcher d'apprendre à lire aux noirs et aux mulâtres libres. En conséquence, ces AUTORITÉS firent fermer les écoles publiques. Il ne s'agissait là ni de Jésuites, ni de l'Université. L'Université elle-même eût été suspecte dans la colonie, en matière de liberté d'enseignement; car il s'agissait, d'une part, de blancs qui, voulant posséder des esclaves noirs et mulâtres, les exploiter, les dominer à leur guise, défendaient qu'ils apprissent à lire; et d'autre part, de noirs et de mulâtres qui voulaient apprendre à lire, pour ne pas être possédés, exploités et dominés par les autres. Là était toute la question; et, au point de vue respectif des partis, chacun était également conséquent avec soi-même. Mais où étaient la raison, la justice? Vous allez voir. Les AUTORITÉS n'avaient pas prévu une chose. Il y avait déjà des noirs et des mulâtres qui savaient non-seulement lire, mais écrire, et autre chose encore; et la défense des AUTORITÉS n'avait pas d'effet rétroactif pour les lumières déjà acquises.

Qu'arriva-t-il? Vous savez ce jeu que jouent les enfants : ils sont cinq pour quatre coins; l'un d'eux est affublé d'un nom ridicule tant qu'il n'a pas conquis son coin en traquant les autres. Telle était la position vraiment malheureuse de l'AUTORITÉ coloniale. Les noirs et les mulâtres apprirent à lire en dépit d'elle, et ce qui ne pouvait se faire publiquement se fit en cachette, dans des chambres, dans des greniers. Ce fut un véritable enseignement mutuel, dont les esclaves eux-mêmes purent profiter à l'insu de leurs maîtres et de l'*autorité avertie*. Aujourd'hui un grand nombre d'esclaves des villes savent lire aussi bien que leurs maîtres, auxquels ils le cachent, et ils ont raison; car ils seraient traités de *philosophes* (1).

(1) Aux colonies on appelle *philosophe* tout noir ou mulâtre qui sait lire et qui raisonne avec sens commun.— Un blanc n'est pas un *philosophe*, c'est un homme de *grand esprit*, même quand il n'en a pas. Exemple : A la Martinique, M. Baylies-Dupuy était un homme de *grand esprit*, parce qu'il avait une grosse tête, et qu'il faisait, pour M. de Grenonville, qui ne savait

— Et vous prétendez, AUTORITÉS de la Martinique, confisquer aujourd'hui des brochures pour qu'elles ne soient pas lues! Vous vous trompez, je vous le dis ; elles circuleront, elles seront lues ces brochures, et vous aurez encore une fois la honte de vous être opposé à ce que vous ne pouvez empêcher, parce qu'il n'y a rien d'immoral, rien de criminel, rien d'*incendiaire* dans les écrits que vous avez confisqués, et dont vous n'avez pas excepté les lettres apostoliques de N. S. Père le Pape, parce que ces lettres condamnent l'esclavage.

Il y a vingt ans, on le sait encore, que des AUTORITÉS de la Martinique brûlèrent, au pied de la potence du fort Royal, une brochure qui peignait la situation des hommes de couleur. Ces AUTORITÉS, en condamnant cette brochure comme séditieuse et subversive du régime établi, faisaient injonction à tout nègre ou mulâtre, sons peine des galères à perpétuité, d'avoir à porter au Procureur du roi les exemplaires de cette brochure qu'ils pourraient avoir conservés en leur possession; défense leur était également faite, sous la même peine des galères, de lire ou de se faire lire ladite brochure. Les blancs seuls pouvaient la posséder et la lire à leurs amis. — Remarquez bien, ceci est essentiel, que les AUTORITÉS COLONIALES faisaient toutes ces choses-là au nom de la JUSTICE et du ROI DE FRANCE.

Qu'arriva-t-il encore? Cette fameuse brochure, qui jusque-là n'avait été lue que d'un très-petit nombre de personnes (et je puis en parler avec connaissance de cause), cette brochure fut répandue, malgré sa condamnation, malgré les injonctions et les défenses des AUTORITÉS, par milliers d'exemplaires dans la colonie. Les *bon à tirer* partaient du château de Brest, où les AUTORITÉS retenaient dans les fers les victimes frappées à

pas les faire, de petits discours d'une vingtaine de lignes, que ce président de Cour royale prononçait au gouverneur dans les séances extraordinaires de la Cour. — M. Périnelle, autre président de la Cour, était un homme de *grand esprit*, parce qu'il parlait moins que ses collègues, et s'étudiait à ne pas beaucoup parler, pour ne pas montrer son *esprit* aux autres. — On peut voir ces deux ex-présidents à Paris, pour s'assurer du fait.

l'occasion de cette brochure. Pas un nègre, pas un mulâtre qui ne tînt alors à honneur de posséder un exemplaire de l'écrit qui avait été brûlé par les mains des bourreaux ! Pas un nègre, pas un mulâtre qui ne voulût alors la lire et la communiquer à ses amis ! Aujourd'hui encore, je ne puis satisfaire aux demandes qui me sont faites par la nouvelle génération qui s'est formée depuis ces vingt années. Vous-mêmes, **AUTORITÉS ACTUELLES DE LA MARTINIQUE**, combien, parmi vous, j'en puis nommer, qui m'ont demandé cette brochure *condamnée* et *brûlée* par vos devanciers.

Eh ! bien, il en sera de même, je vous l'assure, **AUTORITÉS DE LA MARTINIQUE**, de votre ridicule saisie d'aujourd'hui.—*Le Projet Mackau*, que vous avez saisi et confisqué, sera lu malgré vous. — La *Lettre à M. Agénor de Gasparin*, que vous avez mise aussi sous le scellé, je vous la retourne ici, comme pièce justificative de vos oppressions passées et présentes.—Les lettres apostoliques de Notre Saint Père le Pape Grégoire XVI, que vous avez saisies, les trouvant *incendiaires*, parce qu'elles condamnent votre *régime établi*, sont à leur seconde édition, et votre clergé les lira avec vous, car je vous les adresse de nouveau. Tous les écrits enfin que vous avez saisis *provisoirement*, vous arriveront par milliers d'exemplaires.

Et si vous vous en trouvez mal à l'aise, ne parodiez pas seulement vos prédécesseurs par des saisies ridicules. Frappez, condamnez, comme eux, si vous l'osez, brûlez de vos mains, à leur exemple, tous les écrits que vous avez mis sous les scellés. Mais ne vous flattez jamais que vous ébranlerez le dévoûment et la persévérance de ceux qui ont pris l'engagement devant Dieu et devant les hommes, *d'attaquer l'esclavage*, et de faire tous leurs efforts pour détruire ce fléau du genre humain, tant qu'il existera sur la terre.

REQUÊTE

A M. LE MINISTRE DE LA MARINE ET DES COLONIES.

Paris, le 30 novembre 1844.

MONSIEUR LE MINISTRE,

Au mois de juillet dernier, j'ai chargé, pour la Martinique, sur le navire le *Bon-Henry*, capitaine Delamare, du port du Havre, deux ballots contenant des livres et des brochures.

A l'arrivée du navire dans la colonie, les consignataires des brochures n'ont pu en obtenir la livraison; les autorités locales de Saint-Pierre, *averties à temps*, avaient formé opposition, et les ballots étaient saisis, par mesure administrative, sous prétexte qu'ils contenaient des proclamations *incendiaires*.

Mais cet avertissement empressé n'était qu'une mystification, et la mystification partait d'ici, de certains agents qui mettent un zèle ridicule dans l'accomplissement d'un mandat, honorable par sa nature, mais qui cesse de l'être par l'usage qu'ils en font dans des vues de spéculations politiques et d'intérêts privés.

Quoi qu'il en soit, cette saisie, exécutée par le commissaire de police de Saint-Pierre, assisté d'un grand renfort d'autorités fiscales et municipales, a été maintenue par M. le contre-amiral gouverneur Duval-Dailly.

A la requête qui lui a été adressée par l'un des consignataires réclamant contre cette saisie, M. le gouverneur a répondu par la lettre dont copie ci-jointe.

Avant tout, Monsieur le Ministre, je vous ferai remarquer que les brochures dont il s'agit, imprimées et publiées à Paris, n'y ont été l'objet d'aucunes poursuites. L'une d'elles en est même *à sa seconde édition*, et n'est autre chose qu'un appel au clergé français sur la question de l'esclavage, suivi du texte des lettres apostoliques données par Notre Saint Père le Pape, le 3 décembre 1839, en réprobation du commerce de la traite des noirs et de la conséquence de ce commerce, qui est l'esclavage.

Bien mieux, les mêmes brochures signalées et saisies à la Martinique comme *incendiaires* (et les lettres apostoliques de Sa Sainteté en font partie !) circulent librement à la Guadeloupe, où j'avais expédié trois ballots contenant le même nombre d'exemplaires !

Cette différence provient sans doute de ce que M. Dechazelle, délégué des colons de la Guadeloupe, ne croit pas avoir besoin de justifier par un faux zèle la nécessité d'un fort traitement, de 25,000 fr. par an, alloué par ses délégants ; qu'il se croit au-dessus du rôle de limier ou de saltimbanque, et ne voit pas dans son mandat l'obligation de se moquer de ses compatriotes et de ceux qui le paient.

M. le gouverneur de la Martinique n'a pas trouvé, non plus, ces brochures *incendiaires*, comme on les signalait, car il les eût livrées aux tribunaux qui en eussent fait justice.

Mais, ayant donné lui-même dans la mystification, et ne voulant pas, par amour-propre de gouverneur, paraître avoir été mystifié aux yeux de ses administrés (ce qui est toujours très-fâcheux pour l'autorité), M. Duval-Dailly, qui n'a pas osé ordonner des poursuites judiciaires, *n'a pas hésité à empêcher*

PROVISOIREMENT *la circulation* de ces brochures, *jusqu'à ce que* SON EXCELLENCE *le Ministre de la marine* (je cite les passages de la lettre de M. Duval-Dailly,) *jusqu'à ce que* SON EXCELLENCE *le Ministre de la marine, informé des faits, ait pu statuer lui-même sur la question.*

Ainsi donc, M. le contre-amiral Duval-Dailly attend que vous, Monsieur le Ministre, le tiriez de l'impasse où l'ont jeté maladroitement des agents salariés, par trop ridicules.

Entre autres motifs que donne M. le gouverneur de la Martinique pour maintenir cette saisie provisoire, en voici un qui fera juger des autres :

« Ces brochures *attaquent le Ministre de la marine.* »

Or, Monsieur le Ministre, ce que M. Duval-Dailly appelle *attaquer* n'est autre chose que la réfutation que j'ai faite, comme j'en ai le droit, du projet de loi par vous présenté, le 14 mai dernier, à la Chambre des pairs, pour demander l'abrogation de certains articles de la loi du 24 avril 1833, et pour conférer au pouvoir ministériel le droit de réglementer, par ordonnance, des matières qui sont du domaine législatif.

Vous savez, Monsieur le Ministre, que ce projet de loi est loin d'avoir réuni tous les suffrages ; que les délégués des colons eux-mêmes l'ont critiqué comme moi, mais par d'autres motifs ; et que la commission de la Chambre des pairs a cru devoir substituer à la proposition du gouvernement un autre projet, dont je n'ai point ici à m'occuper.

Malgré l'opinion de M. Duval-Dailly, je ne persiste pas moins dans mon droit ; j'en ai usé ; j'ai trouvé mauvais, comme je trouve encore mauvais, permettez-moi cette franchise, le projet de loi qui veut retirer aux citoyens des colonies les garanties que leur a conférées la loi d'avril 1833.

Lorsque parut ici la brochure à laquelle fait allusion M. Duval-Dailly, il me souvient, Monsieur le Ministre, en avoir fait hommage de plusieurs exemplaires à vous et aux principaux fonctionnaires de votre département, et je ne sache pas que vous ayez jugé cette brochure, à votre endroit, aussi criminelle que le trouve M. le gouverneur de la Martinique, au point de la frapper d'interdit, et d'en appeler à votre décision. Si cette brochure avait le caractère de criminalité que lui attribue M. le gouverneur, vous n'eussiez point manqué de la signaler au parquet et de la faire poursuivre par-devant la justice du pays; c'eût été votre droit comme votre devoir; et M. Duval-Dailly n'a pas besoin, je le pense, de vous l'apprendre.

Dans ses autres motifs, M. le gouverneur de la Martinique ajoute que « ces brochures attaquent les administrations coloniales. »

D'accord, et je maintiens ces attaques, en ajoutant qu'elles ne sortent pas des justes limites d'un contrôle plus nécessaire là que partout ailleurs.

« Elles attaquent la magistrature qu'elles *calomnient grossièrement*, » ajoute encore M. le gouverneur.

Je vais citer tout le paragraphe qui concerne la justice coloniale, et vous jugerez, Monsieur le Ministre, le jugement de M. Duval-Dailly, et celui de ceux qui l'ont conseillé dans cette affaire :

« L'organisation de la justice coloniale est dans un état déplorable; la magistrature, sans considération aucune; et cela parce que, *malheureusement*, on compte dans le cadre des magistrats des hommes qui sont signalés comme n'ayant la confiance des justiciables d'aucun parti. Dans certaines colonies, les choses sont arrivées à un tel point, que les magistrats honorables qui se respectent, rougissent d'avoir pour collègues des hommes qui *déshonorent la magistrature*, et par leurs actes immoraux et par le mépris qu'ils inspirent. — Les faits sont nombreux. On cite des cas où la justice a été vendue au poids de l'or; d'autres où, soit l'escompte d'une traite sans valeur, soit le renouvellement d'un effet échu, ont été le prix d'un arrêt. Des plaintes, des accusations graves se sont élevées contre tous ces actes, dont les moindres poursuites seraient une action en police correctionnelle, car les accusations portent aussi sur des faits d'usure et des manœuvres frauduleuses. — Il faut croire que ces cris de l'opinion publi-

» que n'arrivent pas jusqu'au ministère, qu'ils sont étouffés au » loin; car la protection et la faveur qu'obtiennent quelques- » uns de ces hommes, n'auraient pas lieu si le Gouvernement » était bien renseigné. »

Voilà, Monsieur le Ministre, ce que j'ai dit, *non pas de la magistrature entière, mais de quelques hommes qui font partie de cette magistrature aux colonies, et qui la déshonorent;* j'appuie sur ce mot, car c'est aussi l'opinion des colons honnêtes, des colons mes adversaires politiques, qui gémissent d'un tel état de choses, mais qui, aveuglés par l'intérêt personnel, par ce système odieux d'esclavage, souffrent et tolèrent ces magistrats, tout en les méprisant, parce qu'ils sont les plus fervents soutiens de l'esclavage.

En portant ici cette accusation, je ne suis que l'écho de ce qui se dit partout aux Colonies. Je n'ai d'autre mérite ni d'autre audace que de dire tout haut et d'écrire publiquement ce que blancs, noirs et mulâtres pensent et disent aux colonies.

Voilà, Monsieur le Ministre, la question nettement posée. Il ne s'agit pas de saisir quelques brochures, et de se flatter que je vais me taire; car cette ridicule saisie n'est qu'une pâle parodie du drame politico-judiciaire que jouèrent les colons de la Martinique, il y a vingt ans! Et l'on sait si je me suis tu depuis cette époque! — Je signale des faits qu'il importe d'éclaircir. La saisie des brochures, la décision du gouverneur de la Martinique et son imputation de grossière calomnie, n'éclaircissent rien, absolument rien; elles laissent l'affaire en l'état, à savoir : que la magistrature coloniale compte dans son sein *des magistrats qui la déshonorent et qui font rougir leurs collègues.*

Pour terminer sur ce point, je répéterai ici, Monsieur le Ministre, ce que j'écrivais il y a treize ans à votre prédécesseur d'alors au département de la marine, en de semblables circonstances de réaction dans les affaires des colonies : j'écrivais, le 2 novembre 1831 :

« Je suis un calomniateur, ou les autorités coloniales que j'accuse sont indignes de la confiance du Gouvernement. »

Voilà, Monsieur le Ministre, deux fois que ce dilemme est posé par moi. Faites, dans l'intérêt de tous les partis, dans l'intérêt de toutes les opinions aux colonies, qu'il ne reste pas encore cette fois-ci sans solution!

Le dernier motif que donne M. le gouverneur pour maintenir provisoirement la saisie de mes brochures est : « qu'*elles attaquent* » aussi *l'esclavage, qui est le régime légal*, et que ces brochures » renferment des assertions *erronées* de nature à troubler les » *bons rapports* qui existent généralement entre les maîtres et » les esclaves. »

Je n'ai pas besoin de dire que dans ma conviction, en vérité et en fait, il n'existe d'autres bons rapports entre les maîtres et les esclaves que le rapport du fouet et celui du travail forcé. — Vous le savez par vous-même, Monsieur le Ministre, vous qui avez gouverné, administré, voyagé et stationné aux colonies. — Ce motif est donc aussi puéril que les précédents.

En conséquence, je déclare tout haut que je ne professe aucun respect pour un régime aussi odieux que celui de l'esclavage, quelque légal qu'il soit. Comme citoyen et comme chrétien, je dois attaquer l'esclavage; c'est un devoir; je l'attaque et je m'en fais honneur. Je n'ai rien à redouter, à cet égard, de la vindicte des lois, ni je ne crains, non plus, d'être désapprouvé par les honnêtes gens, les gens de bien, en accomplissant un tel devoir.

Un dernier mot, Monsieur le Ministre, et j'ai bientôt terminé.

L'occasion de saisir mes brochures a porté les autorités locales de Saint-Pierre à servir de petites passions, à satisfaire de sottes jalousies de rivalités commerciales. Des hommes notoirement recommandables, jouissant à Saint-Pierre, dans la colonie, en France, d'une réputation commerciale justement établie, appartenant à la classe que votre département appelle l'*ancienne classe de couleur*, et que j'appelle plus rationnellement *mulâtre*; ces hommes qui n'ont d'autres torts vis-à-vis de certains concurrents blancs, que de faire honorablement et fructueusement leurs affaires, ont été inquiétés dans cette circonstance. On ne s'est pas contenté d'arrêter à la douane, pour les saisir, les ballots de brochures chargés et expédiés par moi, licitement et d'après déclaration à la douane du Havre; on a profité de cette occasion pour arrêter plusieurs caisses de marchandises qui arrivaient presque en même temps de France, à la consignation des négociants mulâtres, qu'on sait très-bien ne recevoir pas de consignation de brochures. Ainsi donc, sous le prétexte apparent que ces caisses pouvaient contenir des *brochures incendiaires*, le vrai motif était de nuire au crédit commercial des consignataires de ces caisses d'autres marchandises, en les signalant au commerce de la France, aux banquiers, aux hommes d'affaires avec lesquels ils sont en rapport d'intérêt, comme des négociants qui peuvent être compromis à la première occasion, en raison d'affiliation possible avec des fauteurs de désordres, et même avec des *incendiaires* (comme on disait à la Martinique); et aux yeux des hommes d'argent il n'en faut pas autant pour tuer la meilleure réputation commerciale.

C'est ce qu'ont voulu, Monsieur le Ministre, les exécuteurs et les ordonnateurs de ces saisies, et personne à la Martinique n'a pris le change. En effet, si la mesure dont il s'agit avait été étendue à tous les négociants consignataires de colis arrivant de France, elle eût perdu de son importance individuelle; mais appliquée aux seuls négociants dont j'ai parlé comme faisant honorablement leurs affaires, rien ne peut empêcher de répéter ce qui est vrai, que cette mesure avait moins pour effet de chercher des brochures et des proclamations incendiaires qu'on savait à l'avance ne pas trouver, que de nuire à la réputation commerciale de concurrents auxquels on s'adressait. — C'est ce que, du reste, on a vu à d'autres époques daus la colonie, à l'occasion d'autres brochures.

Agir ainsi et souffrir que pareille chose s'exécute, c'est l'arbitraire le plus intolérablement organisé et odieusement couvert de la régulière apparence de formes administratives.

Il suffit de vous signaler ces faits, Monsieur le Ministre, pour que vous les fassiez cesser. Je m'adresse donc à votre autorité pour que vous les blâmiez, et pour que vous ordonniez la remise de mes ballots saisis provisoirement par l'administration de la Martinique.

Au reste, Monsieur le Ministre, je ne vous soumets pas seulement un grief personnel, car vous comprendrez, et tout le monde a compris à la Martinique, que cette étrange affaire doit fournir l'occasion de tracer quelques règles touchant la circulation des imprimés aux colonies. Si les gouverneurs sont armés en ce point d'un arbitraire illimité, il importe d'autant plus qu'ils s'en servent avec clairvoyance et modération. L'ordonnance royale du 9 février 1827, en déclarant que le gouverneur *surveille l'usage de la presse*, suppose nécessairement que les citoyens *peuvent user de la presse*. Ils ne sont pas tellement déshérités du droit commun de la mère-patrie, que la douane doive faire main-basse sur tout écrit arrivant d'Europe, sous prétexte que des questions coloniales y sont traitées en pleine liberté d'opinion. Ces questions ne peuvent avancer et mûrir que par la libre discussion. C'est par les communications de la pensée que les colonies vivent de la vie de la métropole, et qu'elles seront bientôt amenées à comprendre, à désirer elles-mêmes leur régénération. Ces vérités sont trop saillantes pour que j'y insiste davantage, et ce n'est pas vous, Monsieur le Ministre, qui voudriez les méconnaître après avoir accepté, je le suppose, ma critique de votre projet de loi comme une conséquence légitime de nos institutions.

Je joins à cette requête un exemplaire de chacune des brochures saisies, et

Je suis avec respect,

Monsieur le Ministre,

Votre très-humble et très-obéissant serviteur,

BISSETTE.

PRODUCTION ET PIÈCES JUSTIFICATIVES.

N° I.

La brochure intitulée : *Du Projet Mackau, tendant à violer la loi du 24 avril 1833 sur le régime législatif des colonies.* — 24 pages in-8°.—Imprimerie Paul Dupont.—Librairie d'Ébrard, passage des Panoramas, 61.

N° II.

Lettre à M. Agénor de Gasparin, membre de la Chambre des Députés, sur son discours prononcé dans la séance du 4 mai, en faveur de l'abolition de l'esclavage. — 4 pages in-8°. — Voici cette lettre *incendiaire* :

Paris, le 6 mai 1844.

MONSIEUR,

Permettez à un arrière-petit-fils de négresses esclaves de vous offrir son compliment bien sincère pour l'éloquent discours que vous avez prononcé à la Chambre des députés dans la séance de samedi dernier, à l'occasion de l'esclavage. J'assistais, Monsieur, à cette séance mémorable, et je vous ai entendu avec une joie indicible mêlée de la plus vive reconnaissance. Par vos paroles persuasives, vous avez réduit au néant tous les sophismes des partisans de l'esclavage. Votre discours fera sensation aux colonies, et mes compatriotes nègres et mulâtres vous adresseront, je n'en doute pas, l'expression de leur profonde gratitude.

Continuez, Monsieur, à prêter votre appui à l œuvre de l'abolition de l'esclavage, à défendre cette belle cause, comme vous le faites si bien toutes les fois que la question se présente, et les malheureux dont vous aurez contribué à faire briser les chaînes ajouteront leurs bénédictions à la récompense que vous éprouvez déjà au fond de votre cœur, par l'accomplissement d'un devoir de chrétien.

La question reviendra à la Chambre. Vous rappellerez avec le même zèle aux prophètes de malheur qui voient la ruine des colonies dans l'abolition de l'esclavage, que cette ruine avait été prophétisée par eux en 1827 et jusqu'en 1833. — A cette époque, je revendiquais devant les Chambres la plénitude des droits civils et la jouissance des droits politiques dont étaient privés les nègres et les mulâtres libres. On nous opposait alors les mêmes arguments sophistiques qu'on oppose aujourd'hui aux esclaves pour ne pas les rendre à la liberté : « Il serait dangereux, disait-on, d'accorder immédiatement des droits politiques à des hommes qui en ont été » privés pendant un si long temps, à des hommes sortis à peine de » l'esclavage. Nés d'hier à la liberté, ils ne comprendront pas les devoirs de leur nouvelle position, et ils ne seront pas aptes à exercer les droits qu'ils réclament. Ils se porteront à des actes de vengeance contre ceux qui, à tort ou à raison, les ont tenus dans cet » état d'ilotisme d'où ils demandent à sortir, et d'épouvantables » malheurs seront la suite inévitable de tout changement dans le » régime politique des colonies. Il faut donc une préparation, une » sorte de stage, un noviciat avant d'entrer dans cette nouvelle vie » sociale, etc., etc. »

Des projets de lois préparés pour être présentés aux Chambres étaient rédigés dans le sens étroit et restrictif de ces appréhensions, par le Gouvernement et avec le concours même des amis de notre cause, qui cédaient à ces craintes ridicules. Que de discussions, que de luttes n'ai-je pas eu à soutenir pour faire changer de résolution certains partisans de nos droits, qui se fourvoyaient le plus étrangement du monde! Je dois déclarer que, revenus de leur erreur, ils sont à présent de fervents abolitionistes. Les preuves abondent dans mes mains de tous ces efforts, de toutes ces luttes de ce temps-là.

Combattus dans des écrits publiés à ce sujet, ces projets de lois furent modifiés dans un sens plus large. J'obtins du ministère de la marine qu'on fît disparaître toutes restrictions, et qu'il n'y eût pas de catégories dans la loi pour les personnes. C'est ainsi que l'esclave affranchi de la veille jouit aujourd'hui de tous les droits civils et politiques comme les autres citoyens. L'honorable M. Daunant, votre oncle, fut chargé à cette époque du rapport d'une de nos pétitions à la Chambre des députés, et j'eus très-souvent occasion de le visiter pour éclairer sa religion et lui fournir les renseignements propres à combattre les appréhensions des colons et de leurs partisans. Il pourra vous dire que les mêmes craintes, manifestées aujourd'hui dans la question de l'émancipation des esclaves, étaient mises en avant dans la question des droits civils et politiques à accorder aux nègres et aux mulâtres libres : « Les colonies étaient perdues pour la France, si les hommes de couleur obtenaient des droits égaux aux droits des blancs ! »

Le Gouvernement et les Chambres firent justice de ces craintes hypocrites, de ces prophéties intéressées. Des droits égaux aux droits des blancs furent reconnus aux nègres et aux mulâtres libres; et rien n'est venu justifier les prédictions de ces faux prophètes. Il en sera de même pour l'abolition de l'esclavage.

En commençant cette lettre, je vous ai dit que je suis l'arrière-petit-fils d'esclaves. Je vais puiser dans ce fait un argument contre nos adversaires. Si mes bisaïeules, qui étaient des négresses esclaves, n'avaient pas été affranchies, et elles l'ont été sans préparation, sans avoir fait aucun noviciat, sans avoir été soumises à aucun stage; si elles n'avaient pas été affranchies, elles n'auraient pas eu d'enfants libres, et ces enfants, qui seraient restés dans la condition de leurs mères, n'auraient point constitué de familles; mon père et ma mère seraient nés dans la même condition d'esclavage que mes ancêtres, et par conséquent je ne serais, moi, qu'un esclave inepte, qu'un être abruti par l'esclavage à qui on aurait contesté aujourd'hui le droit des hommes, et l'aptitude nécessaire pour rentrer dans la vie sociale. Je n'aurais pas eu l'avantage de revendiquer pour mes frères leurs droits à la liberté, ni de vous écrire cette lettre, Monsieur, pour vous faire agréer l'expression de ma reconnaissance, et pour vous prier de continuer à mes frères votre haute protection.

Ce que je dis de moi, Monsieur, c'est l'histoire de tous les nègres, de tous les mulâtres libres aux colonies, à qui l'on ne conteste plus maintenant l'aptitude nécessaire pour exercer leurs droits, bien qu'ils n'aient été préparés par aucun apprentissage, ni eux, ni leurs pères, ni leurs aïeux, à rentrer dans la société des hommes libres.

Il y a plus, ils ont triomphé des efforts qui ont été faits dans tous les temps pour les empêcher de faire cet apprentissage qu'on demande aujourd'hui aux esclaves. Il m'en souvient : en 1803, un procureur général, colon, ou commissaire du Gouvernement près la Cour d'appel, fit fermer un beau matin, pendant les classes, les écoles des nègres et des mulâtres libres à la Martinique; je fus mis à la porte avec mes petits camarades. Il faut vous dire, Monsieur, qu'on ne nous enseignait qu'à lire et à écrire, et ces *Messieurs* de mon pays, qui étaient les maîtres, trouvaient que c'était beaucoup trop d'instruction pour des nègres et des mulâtres. Cet état de choses dura assez longtemps...... jusqu'à ce que le premier Consul envoyât l'ordre qui blâmait cette mesure anti-libérale, en laissant sous la responsabilité des administrateurs coloniaux les conséquences qui pouvaient en résulter.

On faisait donc alors, contre les nègres et les mulâtres libres, tout ce qu'on fait à cette heure contre les nègres esclaves. On nous privait de toute instruction, pour avoir le prétexte de dire que nous ne sommes pas dignes de la liberté. On nous chassait des églises ; nous ne pouvions mettre le pied dans le chœur ni dans la nef ; il fallait rester aux portes ! J'ai vu toutes ces choses-là, Monsieur. Je les ai endurées avec mes amis..... et pourtant nous étions libres !..... Que ne peut-on pas contre de malheureux esclaves !.... Pour se justifier, on disait que c'était nécessaire pour maintenir le système colonial ! Il fallait pour le bien de la colonie que nous fussions tenus dans une position intermédiaire ! Aujourd'hui on dit qu'il faut se garder d'abolir l'esclavage immédiatement, car les colonies ne produiront plus de sucre ni de café, et les navires ne pourront plus se procurer de frêt ! Vous connaissez, Monsieur, tous ces subterfuges de l'intérêt matériel, et votre généreuse conduite montre aussi que vous en connaissez toute l'hypocrisie.

Veuillez agréer, Monsieur, l'hommage du plus profond respect de votre très-humble et très-obéissant serviteur.

BISSETTE.

N° III.

La brochure intitulée : *Les esclaves des colonies françaises du clergé français.* — 16 pages in-8°. — Cet appel des esclaves au clergé précède les *Lettres apostoliques* de N. S. Père le Pape Grégoire XVI, en date du 3 décembre 1839, sur le trafic et sur l'esclavage des Nègres. — Imprimerie Poussielgue. — La seconde édition : Imprimerie de Ch. Lambert.

N° IV.

La brochure intitulée : *Liberté immédiate et absolue, ou esclavage.* Observations sur le Rapport de M. le duc de Broglie, adressées à tous les Français amis de la liberté et de l'humanité. — 56 pages in-8°. — Par G.-W. Alexander et John Scoble, de Londres. — Imprimerie de Firmin Didot frères.

N° V.

Lettre de M. le contre-amiral Duval-Dailly, gouverneur de la Martinique, à M. G. Waddy, consignataire des ballots saisis. — Voici cette lettre :

GOUVERNEMENT
de la
MARTINIQUE.

Bellevue, le 6 octobre 1844.

Monsieur G. Waddy, propriétaire, au Fort-Royal.

MONSIEUR,

Par votre lettre en date du 5 octobre, vous réclamez deux ballots de brochures qui sont arrivés à votre adresse par le navire le *Bon-Henri*, et vous demandez l'autorisation de poursuivre M. le maire de Saint-Pierre, qui en avait provisoirement ordonné la saisie.

En vertu des articles 40, 44, 45 et 120, §§ 49 et 50 de l'ordonnance royale du 9 février 1827, j'ai confirmé la décision prise par M. le Maire de Saint-Pierre, et j'ai ordonné que les ballots dont il s'agit resteraient déposés sous scellés à la douane jusqu'à ce que Son Excellence le Ministre de la Marine, informé des faits, ait pu statuer lui-même sur la question de savoir si, dans les colonies où règne la censure, il peut être permis de laisser circuler des écrits attaquant le régime établi. Je ne saurais donc vous autoriser à intenter aucune poursuite contre l'autorité municipale de Saint-Pierre.

Vous énoncez que les doctrines des brochures que contiennent ces ballots ne présentent aucun caractère de criminalité et ne peuvent troubler l'ordre et la tranquillité du pays.

Je ne partage pas votre manière de voir, Monsieur. Ces brochures, que j'ai lues moi-même, attaquent le Ministre de la Marine, le gouvernement du Roi, dont elles dénaturent les bienveillantes intentions; les administrations coloniales et la magistrature, qu'elles calomnient grossièrement; elles attaquent aussi l'esclavage, qui est ici le régime légal; elles renferment enfin des assertions aussi erronées que malveillantes, qui seraient de nature à troubler les bons rapports qui existent généralement entre les maîtres et les esclaves, en portant ceux-ci au mécontentement, à l'impatience et à la désobéissance envers la loi.

Par cela seul la circulation de ces écrits m'a paru dangereuse, car elle pourrait obliger un jour l'autorité à recourir à la force pour maintenir l'ordre et le travail sur les habitations.

Vous dites que des écrits de MM. Cassagnac et autres, qui diffament toute la population de couleur, circulent librement dans le pays.

Si des écrits qui s'attaquent aux personnes, qui diffament une partie quelconque de la population, arrivent et circulent dans la colonie, j'en éprouve un grand regret; mais je ne puis empêcher que la circulation des écrits qui attaquent le régime légal, et lorsque d'ailleurs ces écrits tombent entre les mains de l'autorité.

Dans les circonstances actuelles, les pamphlets qui vous étaient adressés m'ont paru très-dangereux : chargé, sous ma responsabilité, de surveiller l'usage de la presse, je n'ai pas dû hésiter à empêcher provisoirement la circulation, dans l'intérêt de tous les amis de l'ordre, à quelque classe ou à quelque condition qu'ils appartiennent.

Recevez, Monsieur, l'assurance de ma parfaite considération.

Le contre-amiral gouverneur,

DUVAL-DAILLY.

A M. LE CONTRE-AMIRAL DUVAL-DAILLY,

EX-GOUVERNEUR DE LA MARTINIQUE,

En quarantaine en rade de Brest, à bord de la corvette l'AUBE.

Paris, le 12 février 1845.

MONSIEUR L'AMIRAL,

Par suite de la saisie arbitrairement exécutée par les autorités locales de Saint-Pierre, sur les ballots de livres et brochures que j'avais expédiés à la Martinique, vous avez cru devoir refuser aux consignataires de ces ballots l'autorisation nécessaire pour poursuivre par-devant les tribunaux de la colonie les auteurs de cette saisie. Refusant le grand jour de la publicité des débats judiciaires qui eût prouvé tout le ridicule, tout l'odieux de cette saisie, vous avez mieux aimé la maintenir provisoirement, prêter la main à un acte arbitraire, et servir ainsi d'instrument aux provocateurs de cette saisie.

Maintenant, Monsieur l'Amiral, que vous n'êtes plus sous l'influence d'hommes avec lesquels vous ne pouviez lutter; maintenant que vous voilà rentré en France, à l'abri des importunités, des obsessions de chaque jour, d'hommes qui vous entouraient dans votre gouvernement de la Martinique, qui, abusant de la cécité trop ordinaire des hauts pouvoirs, se donnaient le malin plaisir de vous faire voir noir ce qui est blanc, et blanc ce qui est noir, et vous faisaient faire et dire tout ce que votre conscience d'homme de bien réprouve ; maintenant, dis-je, que vous êtes dégagé de ces hommes, que vous n'êtes plus sous l'empire de leur influence malveillante, je viens, Monsieur l'Amiral, faire un appel à votre franchise de marin, à votre bonne foi et à votre loyauté de général français, et à tous vos bons sentiments d'homme de bien.

Permettez-moi, Monsieur l'Amiral, d'ajourner l'examen du droit en vertu duquel vous avez agi ; de ne pas discuter ici jusqu'à quel point il est fondé dans la circonstance ; mais de ne faire que quelques observations sur la lettre qu'on vous a fait signer pour maintenir la saisie des ballots, et empêcher provisoirement la circulation des brochures que contenaient ces ballots.

Je dis *qu'on vous a fait signer,* car cette lettre n'est pas de vous, bien qu'elle soit revêtue de votre signature. Vous avez signé de confiance, j'en suis sûr. Il n'est pas possible de croire autrement, sans faire injure à vos lumières et à toutes vos facultés intellectuelles.

Le premier motif qu'on vous fait donner pour maintenir la saisie de mes brochures et pour les tenir sous les scellés, jusqu'à la décision de M. le ministre, est que « *ces brochures attaquent le ministre de la marine.* »

Vous voyez, Monsieur l'Amiral, que j'ai raison de dire que vous avez signé de confiance, car, à moins de supposer que vous revenez du naufrage de Lapeyrouse, qui date de 1788, on ne peut, sans vous faire injure, se permettre de croire que vous ignorez qu'à l'heure qu'il est, en France comme dans les colonies françaises, tous les actes d'un ministre sont attaquables ; que sa personne n'est ni inviolable, ni sacrée ; que par conséquent tout citoyen a droit de critiquer, de discuter, de combattre par la voie de la presse, les projets de loi que présentent les ministres aux Chambres. C'est ce que j'ai fait dans cette circonstance, dans l'une des brochures saisies, intitulée : *Du Projet-Mackau*, et à laquelle on fait allusion dans votre lettre.

Oui, Monsieur l'Amiral, c'est un droit que possède tout Français; ce droit, je l'exerce à mes risques et périls, quand il me plaît. Si mes attaques sortent des bornes de la liberté de la presse; si je ne me conforme pas aux lois qui répriment les abus de cette liberté, les tribunaux sont là pour m'en punir; et il n'est pas donné à un gouverneur, fût-il même contre-amiral de France, de mettre l'arbitraire à la place de la loi; en sequestrant un écrit licite, pour lequel toutes les formalités ont été remplies; d'en empêcher la circulation, sans qu'au préalable il ait fait condamner et l'écrit coupable et son auteur; enfin, de refuser la discussion judiciaire qui désormais remplace la censure. Suivre toute autre voie, c'est faire de la force, de la force brutale; et c'est ce qui a été fait à l'égard de mes brochures.

Dans la lettre à laquelle je réponds, on vous fait dire encore, Monsieur l'Amiral, que « *ces brochures attaquent les administrations coloniales.* » Et vous ne vous apercevez pas que l'acte arbitraire dont je me plains est la justification même de mes attaques contre les administrations coloniales.

Voici du reste ce que j'ai dit de ces administrations dans une de ces brochures :

« Les gouverneurs et les directeurs de l'intérieur sont de véritables pachas, gouvernant et administrant le plus souvent dans l'intérêt des maîtres, les uns pour se ménager leurs faveurs; les autres dans la seule vue de conserver les propriétés à esclaves qu'ils possèdent. »

Qu'y a-t-il là qui ne soit l'exacte vérité? Et croyez-vous pouvoir étouffer cette vérité par une saisie administrative? c'est-à-dire sans discussion, sans un jugement au grand jour qui condamne ou absolve l'auteur de ces brochures? Et pourrez-vous nier, Monsieur l'Amiral, que, dans la circonstance de cette saisie, vous n'ayez cédé aux importunités des maîtres d'esclaves, aux criailleries de vieilles femmes à qui l'on avait fait accroire, pour les engager à faire des paquets de tout leur butin et à se sauver, que ces brochures étaient des *proclamations incendiaires.*

Vous les avez lues, ces brochures, dites-vous, vous n'y avez rien trouvé d'incendiaire ; mais leur caractère de criminalité vous a paru suffisant pour en empêcher provisoirement la circulation. En effet, l'une de ces brochures reproduit le texte latin, et la traduction en français, de la lettre apostolique de notre Saint Père le Pape Grégoire XVI, qui condamne dans les termes suivants l'esclavage que vous appelez le régime légal. Voici les termes de cette lettre apostolique :

« Nous conjurons instamment dans le Seigneur tous les fidè-
» les, de quelque condition qu'ils soient, qu'aucun d'eux n'ose à
» l'avenir *tourmenter injustement les Nègres ou autres sembla-*
» *bles, ou les dépouiller de leurs biens, ou les réduire en servi-*
» *tude, ou assister ou favoriser ceux qui se permettent ces vio-*
» *lences à leur égard, ou exercer ce commerce inhumain par*
» *lequel les Nègres, comme si ce n'étaient pas des hommes, mais*
» *de simples animaux, réduits en servitude de quelque manière*
» *que ce soit*, sont, sans aucune distinction et *contre les droits de*
» *la justice et de l'humanité, achetés, vendus* et voués quelque-
» fois aux travaux les plus durs.

» Par notre autorité apostolique, *nous réprouvons tout cela*
» *comme indigne du nom chrétien*, et par la même autorité,
» *nous défendons* sévèrement qu'aucun ecclésiastique ou laïque
» ose soutenir *ce commerce de Nègres, sous quelque prétexte* ou
» *couleur* que ce soit, ou prêcher, ou enseigner en public ou en
» particulier contre les avis que nous donnons dans ces lettres
» apostoliques. »

Je comprends à votre point de vue que vous ayez trouvé criminelle, très-criminelle cette lettre apostolique du chef de l'Eglise.

Dans l'une de ces brochures, le projet de loi sur les colonies, présenté à la Chambre des pairs par le Ministre de la marine, est *attaqué*; les gouverneurs sont *attaqués*, en effet.

Voyez le crime abominable ! Et vous, Monsieur l'Amiral, jugeant tout cela provisoirement, en première instance, dans votre propre cause, vous laissez au Ministre de la marine la tâche de juger aussi dans sa propre cause, sur appel.

C'est là, vous avouerez, une plaisante législation, une singulière justice distributive. Je ne vous en fais pas mon compliment.

« Ces brochures, » dit la lettre que vous avez signée, « attaquent la magistrature, qu'elles calomnient grossièrement. »

Plus j'examine les motifs qui ont été allégués à l'appui de cette saisie, plus je reste convaincu que votre intention et votre bonne foi ne sont pour rien dans les actes qui ont précédé et suivi cette saisie.

Est-ce que par hasard vous avez lu que j'attaquais, quelque part, la magistrature coloniale tout entière ? ou bien avez-vous passé par inadvertance ce passage de la brochure dans lequel je dis que :

« L'organisation de la justice coloniale est dans un état déplorable ; la magistrature est sans considération, parce que, » *malheureusement, on compte dans le cadre des magistrats* » *des hommes qui sont signalés* comme n'ayant la confiance des » justiciables d'aucun parti. Dans certaines colonies, les choses » sont arrivées à un tel point que les magistrats honorables qui » se respectent, rougissent d'avoir pour collègues des hommes » qui déshonorent la magistrature, et par leurs actes immoraux » et par le mépris qu'ils inspirent. »

Vous voyez, Monsieur, que je ne cherche pas ici à pallier les passages de ma brochure incriminés dans votre lettre. Je cite textuellement, et, à l'appui de ce que je transcris, je vous remets un exemplaire de cette brochure saisie par votre autorité, pour que vous confrontiez le texte ; vous verrez à la page 5, qu'il est en tout conforme à ma citation, et que, loin d'avoir grossièrement calomnié la magistrature, je n'ai même pas commis une médisance, car il y a nécessité de parler comme je le fais ; et ce n'est pas pour le seul plaisir de tourmenter les hommes accusés ici, que je les signale à l'attention du gouvernement ; mais parce qu'il s'agit d'un plus grand intérêt, d'un haut enseignement moral à donner aux fonctionnaires oublieux de leurs devoirs et de leur considération.

Maintenant, Monsieur l'Amiral, vous qui avez gouverné deux colonies; vous qui avez été en rapport direct avec presque tous les magistrats des autres colonies que vous n'avez pas administrées, pouvez-vous affirmer sur l'honneur que je calomnie, et qu'aucun des magistrats de votre connaissance ne mérite mes reproches? Pouvez-vous affirmer sur l'honneur que, dans le cadre de la magistrature coloniale, on ne compte pas un seul magistrat qui fasse rougir ses collègues, et qui soit indigne du sacerdoce qu'il exerce?

De bonne foi, Monsieur l'Amiral, n'est-il jamais venu à vos oreilles de gouverneur des plaintes qui sont restées étouffées contre les hommes que je signale dans mes brochures? N'avez-vous jamais rougi vous-même des actes de ces hommes? J'ai à l'appui de ce que je dis ici le témoignage de votre propre conscience auquel j'en appelle, comme à celui d'hommes honorables, comme vous, Monsieur l'Amiral, qui ont rempli des fonctions publiques aux colonies, de magistrats intègres qui ont exercé et qui exercent dignement leur ministère. De plus, je pourrai invoquer le témoignage de colons possesseurs d'esclaves; il y en a qui me viendraient en aide dans cette circonstance, si j'en appelais à leurs sentimens d'honnêtes hommes, laissant de côté nos opinions respectives sur la question de l'esclavage. Non, il n'est pas un seul de mes compatriotes, pas un seul habitant blanc, noir ou mulâtre, à quelque colonie qu'il appartienne, qui refusât son témoignage sur des faits scandaleux trop connus, et que vous ne devez pas ignorer, vous, Monsieur l'Amiral.

Rappelez donc tous vos souvenirs, et dites, en votre âme et conscience, si j'ai calomnié la magistrature en désignant presque du doigt, comme je l'ai fait, les hommes qui déshonorent leur ministère presque sacré. Non, Monsieur l'Amiral, il faut que tous les hommes de bien se liguent contre ces magistrats qui vendent la justice, qui font *l'usure* et qui prêtent *à la petite semaine;* contre ces magistrats déhontés qui, ne possédant pas un pouce de terrain, ni à Cayenne, ni à Bourbon, ni à la Martinique, ni à la Guadeloupe, écrivent en France, à leurs créanciers, une fois : — « Ma récolte de sucre est perdue cette année, les rats ayant mangé toutes les cannes à sucre. » Et une autre fois : — « Le tremblement de terre ayant renversé mes usines et mes établissements, il ne faut rien compter encore pour cette année. »

Il faut, Monsieur l'Amiral, que les gens de bien démasquent ces hommes qui, par de telles manœuvres, cherchent à persuader l'existence d'un crédit imaginaire et de ressources chimériques, abusant ainsi de la confiance publique, à l'aide du caractère dont ils sont revêtus.

Je n'ai pas tout dit sur ce chapitre ; et je réserve les faits pour le jour où il plaira à M. le Ministre de la marine et des colonies de nettoyer les étables d'Augias dans la magistrature coloniale ; et d'ordonner une enquête sérieuse, et non pas pour rire, sur les faits nombreux de ce genre parvenus déjà au département de la marine ; faits sur lesquels gémissent tous les bons citoyens, parce qu'ils paralysent l'action de la justice, ainsi que les intentions du gouvernement manifestées naguère à l'occasion de l'abolition de l'esclavage.

Enfin, Monsieur l'Amiral, la lettre signée de votre nom donne encore pour dernier motif : « Ces brochures attaquent l'esclavage » qui est le régime légal ; elles renferment des assertions aussi » erronées que malveillantes, qui seraient de nature à troubler » les bons rapports qui existent généralement entre les maîtres » et les esclaves. »

Je ne connais d'autres rapports entre les maîtres et les esclaves, que ceux qui existent généralement aux colonies : le rapport du fouet, et celui du travail forcé. Or c'est un devoir pour tout citoyen de chercher, par tous les moyens qu'avoue la morale publique, à faire cesser le plus tôt possible de tels rapports. C'est ce que je fais, en attaquant l'esclavage en face ; en attaquant des projets de loi insignifiants, qui, sous prétexte de modifier, perpétuent plutôt ce crime contre l'humanité, cet outrage à la divinité, qui fait d'un homme *la chose* d'un autre homme ! ce crime de l'esclavage, qui fait qu'à toute heure du jour un homme brutal peut flageller à nu, torturer une malheureuse femme, parce-que cette femme noire, son esclave, aura refusé de se laisser souiller par la lubricité d'un maître immoral et déhonté, ainsi que vous l'avez vu dans la colonie que vous gouverniez paternellement, au nom de la France !.....

C'est ce que je fais en attaquant les gouverneurs, les administrateurs qui vantent le bonheur de l'esclave dans des rapports officiels, et qui passent sous silence mille faits de cruauté, tels que ceux qui ressortent des procès-verbaux des fonctionnaires qui en sont chargés, par lesquels il est notoirement prouvé que, dans la seule colonie que vous gouverniez paternellement au nom de la France, où tous les esclaves sont heureux et contents, dans cette seule colonie, en moins d'une année, il a été constaté plus de trente meurtres d'esclaves, trouvés sur les grands chemins morts d'inanition ou par suite de mauvais traitements, dont un s'est pendu de désespoir presque sous les fenêtres de votre hôtel de Bellevue.....

C'est ce que je fais en attaquant les magistrats qui ne poursuivent pas, ou ne recherchent pas les auteurs de ces actes de cruauté, qui ferment les yeux sur de tels excès, de tels crimes envers les esclaves, lorsque ces crimes et ces excès leur sont signalés. C'est ce que je fais encore en attaquant les magistrats qui ne font pas justice de tous ces forfaits contre l'humanité; ces magistrats qui démoralisent par des arrêts d'absolution la population esclave, en laissant dans son esprit cette fausse idée que le crime du maître envers la personne de l'esclave n'est pas punissable, parce que le maître a le droit *d'user* et *d'abuser* de sa *chose*, de sa *propriété pensante*, de son *sujet*, *corps et âme*, *dans sa chair*, *dans son esprit*.....

C'est ce que je fais enfin en attaquant tous ceux qui, directement ou indirectement, se font les défenseurs et les suppôts de l'esclavage, et ajoutent à un tel méfait la honte de recevoir un salaire des maîtres, pour soutenir et défendre une si odieuse cause avec toutes les horreurs qui en sont la conséquence.

Ne voulant pas, Monsieur l'Amiral, prolonger encore cette

lettre déjà assez longue, je me contente de vous dire en terminant que ce que vous appelez le *régime légal*, **L'ESCLAVAGE** ! je l'appelle, moi, le *régime odieux*, le *régime antichrétien* ; que naguère vous l'attaquiez, comme moi, ce *régime légal*, à la Martinique même, où vous gouverniez. A cette époque, il est vrai, le garde des sceaux, ministre de la justice et des cultes, M. Teste, venait de dire, dans sa dépêche du mois de décembre 1839, publiée par le ministère de la marine : « *L'œuvre de la suppression de l'esclavage, si longtemps et si vainement réclamé jusqu'ici, est enfin sur le point de s'accomplir* pour cette population noire de 300,000 âmes répandue dans nos colonies !... » **L'HEURE DE L'ÉMANCIPATION VA SONNER** ! »

Vous répétiez alors ces belles paroles du ministre de la justice ; vous disiez aux propriétaires d'esclaves : « *Le moment approche où la grande question qui s'agite et qui préoccupe si vivement les colonies* depuis quelques années, *va recevoir sa solution.* »

Vous me permettrez donc, Monsieur l'Amiral, de vous témoigner ma surprise de vous entendre dire à présent que j'attaque l'esclavage ; ou plutôt vous me permettrez de penser que vous n'êtes pas l'auteur de la lettre qui vous fait tenir ce langage. Car, pour s'expliquer un tel changement chez vous, il faudrait attribuer votre opinion d'aujourd'hui, votre conversion, à l'effet qu'a produit dans votre esprit cette adresse insolente de quelques colons, qui, vous jetant le gant, à vous, gouverneur pour le roi, ont répondu avec hauteur et dédain à vos *attaques* contre l'esclavage, par les paroles suivantes que je vais remettre ici sous vos yeux :

« Nous venons vous répondre, Monsieur le Gouverneur, avec » la sincérité qui a toujours caractérisé nos actes. Nous étions » impatients de vous entretenir de la loi du 25 juin. Nous voudrions croire avec vous aux résultats avantageux dont vous » nous entretenez ; mais, de quelque voile qu'ON cherche à envelopper le but réel qu'elle se propose, il ne saurait échapper » à l'examen de ceux qui sont chargés de défendre les intérêts » qu'elle menace ; leur vigilance, à cet égard, n'a eu besoin,

» pour en apprécier toutes les conséquences, *ni des insinuations*
» *du rapport* CALOMNIEUX qui en a précédé l'adoption *à la*
» *Chambre des députés* (1), *ni des paroles imprudentes échappées*
» *à la tribune de la Chambre des pairs* (2), lorsque M. le ministre
» de la marine et des colonies est venu réclamer l'omnipotence
» nécessaire aux FATALS *changements qu'on veut introduire*
» *dans le système colonial.* Oui, Monsieur le Gouverneur, per-
» sonne ne saurait s'y tromper.. *C'est à ces changements*, à la
» *désastreuse mesure* générale dont nous sommes menacés, que
» tend la modification de la loi du 25 juin..... *Quant à nous,*
» *Monsieur le Gouverneur*, forts de notre conscience, *trop haut*
» *placés* pour qu'ON suppose que quelques considérations per-
» sonnelles puissent motiver nos démarches, nous réclamons
» avec énergie des attributions qui nous avaient été confiées....
» En se soumettant à l'ordonnance du 5 janvier 1840, les colons
» n'ont cédé qu'à la force ; *leur volonté*, *leur répugnance*, n'a
» pu résister à la menace..... Nous avons vu *avec étonnement*,
» dans vos paroles, l'assurance d'une prochaine solution de la
» question qui nous préoccupe si vivement. Nous croyons que
» les *protestations unanimes et énergiques des colons détermine-*
» *ront le gouvernement du roi à abandonner* la voie périlleuse
» ouverte par une nation voisine... Si nous devions perdre cette
» espérance, si le gouvernement ne s'affranchissait pas de la fa-
» tale influence du *philanthropisme*, que la responsabilité lui en
» reste tout entière ; il aura consommé le plus grand désastre
» dont la France ait été atteinte depuis le jour où son territoire
» fut envahi par l'étranger ! »

Sans nul doute, Monsieur l'Amiral, ce sont ces menaces, ces paroles insolentes, qui ont réagi sur vous ; et vous vous êtes rappelé aussi que déjà ces mêmes colons en avaient autant dit à votre prédécesseur, M. le contre-amiral de Moges, lequel, comme

(1) Le rapport de M. Lacrosse.

(2) Les paroles de M. Rossi, de M. Barthe et de M. l'amiral Duperré, alors ministre de la marine et des colonies.

vous, voulait *attaquer l'esclavage*. Et comment un gouverneur des colonies pour le roi pourrait-il ne pas céder devant ces hommes qui avaient impérieusement jeté à la face de M. de Moges ces paroles impudentes : L'ABOLITION DE L'ESCLAVAGE EST IMPOSSIBLE !

En résumé, si les brochures dont vous avez ordonné la saisie ont paru *incendiaires*, surtout peut-être parce qu'elles attaquent l'esclavage, c'est avec vous-même, Monsieur l'Amiral, je viens de le prouver, c'est avec vous que je serais, moi aussi, et que nous serions tous deux, après Pascal, de bien loin après lui, des *tisons d'enfer*. A cette accusation de ses ardents antagonistes, le grand homme trouvait qu'il était difficile, impossible même de répondre. L'adjectif *incendiaire*, expédié de France par qui vous savez, et glissé presque sous votre signature par les rédacteurs de votre lettre, n'est certes pas moins habile ; mais j'ai, vous le voyez, la consolation de l'avoir mérité en bonne compagnie.

Je tiens donc pour mauvaise votre saisie, mais pour bonnes en vérité les agressions que vous vous permîtes aussi *contre le régime établi*. C'est un témoignage que je me plais à vous rendre, mieux appris et moins avare que ces ingrates communes de la Martinique, s'il est vrai qu'elles n'aient pas eu de menue monnaie à déposer dans le tronc ouvert aux adresses et discours d'adieu.

Ceci entendu, permettez-moi de compter, Monsieur l'Amiral, puisque vous arrivez en France, sur votre bonne intervention auprès de M. le ministre de la marine, pour le meilleur dénoûment possible de cette affaire, en même temps plaisante et sérieuse.

Veuillez agréer, Monsieur l'Amiral, l'hommage de la considération la plus distinguée de votre très-humble et très-obéissant serviteur.

BISSETTE.

IMPRIMERIE DE C.-H. LAMBERT, RUE BASSE-DU-REMPART, 24.
En face la rue de la Paix.

www.ingramcontent.com/pod-product-compliance
Ingram Content Group UK Ltd.
Pitfield, Milton Keynes, MK11 3LW, UK
UKHW032021260826
14628UKWH00006B/2628

9 782013 464536